DES MOYENS

D'INSTITUER

LE GOUVERNEMENT DE TOUS.

S.-Denis.—Imp. de Constant-Chantpie, rue de Paris.

DES MOYENS

D'INSTITUER

LE GOUVERNEMENT DE TOUS,

OU AUTREMENT DIT

LE GOUVERNEMENT RÉPUBLICAIN,

SANS ANARCHIE, SANS DÉCHIREMENS ET SANS FACTIONS.

PAR AUG. CAUNES PÈRE.

> C'est le dédale obscur et profond d'où on ne peut sortir
> heureusement qu'à l'aide du fanal de la raison, appendu
> par une main amie et généreuse au-dessus de nos têtes,
> pour éclairer l'issue de ces lieux ténébreux. Page 20.

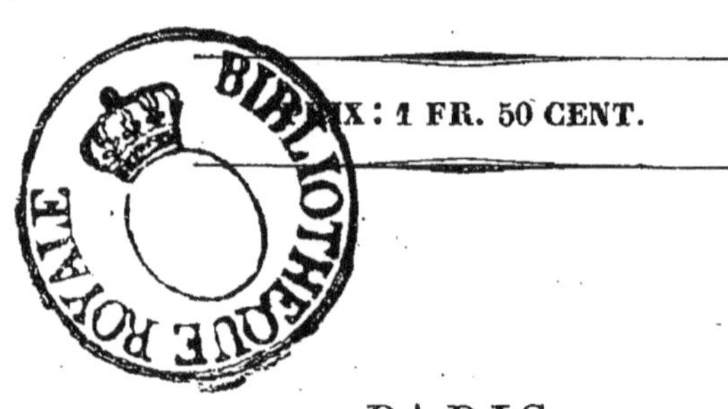

PRIX : 1 FR. 50 CENT.

PARIS.

CHEZ LES MARCHANDS DE NOUVEAUTÉS.

1831.

DES MOYENS

D'INSTITUER

LE GOUVERNEMENT DE TOUS.

Ce serait faire une halte dès les premiers pas, si on s'arrêtait oiseusement à démontrer quelle est la meilleure forme de gouvernement, celle qui convient le mieux et qui est la plus propre à assurer les droits, les intérêts, la félicité, le bonheur des hommes en général; cette question, si souvent agitée chez les peuples anciens et modernes, se trouve encore une fois de nos jours affirmativement résolue par de nombreux publicistes, par nos souhaits, par nos besoins, autant que par les circonstances dominantes où nous nous trouvons placés; personne ne doute enfin que ce ne soit le gouvernement républicain; on ne diffère seulement que sur la possibilité de son existence, de son maintien, de sa durée : son mérite et ses avantages sont généralement appréciés; à l'exception néanmoins de quelques honorables citoyens, du reste bien intentionnés et de bonne foi, mais prévenus et effrayés, avec juste raison, par les excès et l'animosité des partis qui surgissent à la naissance d'un régime si doux lorsqu'il fait notre espoir, et si amer quand on veut le réaliser; à part encore un plus grand nombre de personnages ambitieux et égoïstes, ennemis puissans et intolérans de tout change-ment, de toute amélioration politique, non par amour de l'humanité, mais plutôt par un amour excessif de richesses, de distinctions, de privi-léges et de tous les abus sur lesquels reposent le bonheur exclusif de quelques-uns au détriment du bien-être général. La société se trouve ainsi partagée en deux classes bien distinctes, mais inégales, toutes deux opposées d'intention, d'in-térêt, et marchant vers un but contraire : l'une est composée de la majorité de la nation; elle est pauvre, vertueuse, laborieuse, confiante et fina-lement dupe et victime de celle qui est en mino-rité, paresseuse, riche, égoïste, puissante par sa position, par son audace, et surtout par l'appui que lui prêtent, pour la maintenir, nos préjugés, nos erreurs et notre absurde crédulité; sans cesse occupée d'épier les momens favorables à son élé-vation, toujours en mesure de profiter de nos fautes et des moindres circonstances pour conso-lider son pouvoir, cette classe exploitante forme au sein même de la société, une faction ennemie, perverse, dont il faut dévoiler les manœuvres et comprimer l'élan de son esprit dominateur et envahissant; toutes les pertes, tous les échecs qu'on pourra lui faire subir tourneront au profit de son antagoniste et fructifieront d'autant ses véritables intérêts. Il est toujours facile d'appliquer un remède salutaire sur les maux dont on a su déterminer la gravité, la nature, l'origine et la source; c'est pourquoi nous espérons, en indiquant le but et la forme de nos institutions, rendre un véritable service à la société, et satisfaire le vœu de tous les amis sincères de l'humanité. Depuis des milliers de siècles la vertu se débat entre les mains du crime; essayons s'il est possible de l'en arracher. Mais avant de nous placer sur le sol vierge de la république, jetons un dernier regard sur celui de la monarchie: nous n'éprouverons plus le désir d'y fixer plus longtemps notre demeure, si nous restons convaincus que cette terre classique de l'orgueil, de la vanité, du despotisme, est aussi le séjour éternel du crime, du malheur, de la misère et du désespoir; d'ailleurs le peu d'amis encore abusés que nous y laisserions seraient peut-être bien aise de connaître les motifs puissans de notre éloignement; nous leur devons cette satisfaction.

La dénomination de roi, de tyran, de despote est peu importante; pour des hommes sensés, quelque distinction qu'on fasse dans ces termes, ils ne verront que la monstruosité d'un homme qui se met à la place de tous, et par ce seul motif ils le repoussent et le condamnent; mais il faut pour des esprits moins réfléchis démontrer que c'est une anomalie dans l'ordre social, et que la royauté, la tyrannie et le despotisme excluent toute idée, toute espérance de liberté et de bonheur. Un roi est de tous les hommes le plus habile spéculateur politique, il passe avec ses sujets le marché suivant : « Je suis le maître et le chef » absolu de la société; je préside à la création des » lois et je les exécute; j'établis, je lève les impôts » et je les dépense; je me réserve le droit de » guerre et de paix; je nomme aux emplois et je » destitue; je commande l'armée de terre et l'ar-» mée de mer; le civil et le militaire sont sous » ma dépendance; on ne connaît d'autre loi que » ma suprême volonté; cette part faite, j'aban-» donne tout le reste à mes sujets bien heureux » et libres. » Ce contrat, approuvé et accepté par acclamation de la horde aristocratique, est promulgué et mis en vigueur dans toute l'étendue de l'empire. « Je punis, en outre, de mort, » des galères ou de la prison, car c'est encore un » droit que je me réserve, quiconque trouverait » à redire et troublerait le repos de l'État ainsi » constitué. » Un pareil arrangement, où tout est exigeance, spoliation et profit d'un côté, privation et misère de l'autre, dure aussi long-temps que le despote et ses complices sont en mesure de le défendre et de le soutenir; mais une lutte sourde et permanente s'établit bientôt entre les dupes et les usurpateurs, entre les opprimés et les oppres-

seurs; arrive enfin un de ces instans précieux que
le génie tutélaire des nations semble tenir en
réserve tout exprès pour rétablir l'équilibre et
venger l'humanité des outrages de la tyrannie :
l'opinion perce et se fait jour, les esprits s'éclairent
et s'échauffent, les séditions éclatent, le torrent
impétueux des insurrections populaires se soulève,
et roule pêle-mêle le fier despote, ses féroces sa-
tellites et les délirantes conceptions de son orgueil
cupide et grossier. C'est alors que les hommes
ont des momens sublimes pour changer leurs
destinées et se constituer à leur gré ; mais, comp-
tant aveuglément sur les lumières et la vertu de
quelques-uns d'entre eux, ils se relâchent et s'a-
bandonnent, comme nous venons d'en faire la
trop pénible expérience, aux promesses falla-
cieuses de quelques charlatans ambitieux, et,
laissant échapper ces momens uniques, ils se re-
plongent précisément dans un nouvel abîme de
maux aussi contraire à leur bonheur que celui où
ils étaient d'abord. Abattre, expulser, renverser
un maître absolu pour en appeler un nouveau,
ce n'est point changer sa condition, c'est à peine
l'améliorer momentanément ; car les mêmes principes amèneront toujours les mêmes conséquences. Un roi, par la raison qu'il est seul contre
tous, tendra constamment à usurper le plus de
pouvoir possible, et par conséquent à empiéter
sur les droits des citoyens, si on est libre, jusqu'à

ce qu'il puisse les asservir entièrement et les rendre esclaves : il faut qu'un roi soit tyran ou despote ; il l'est et le doit être par position ; je dis par position, j'ajouterai, en outre, par éducation : autant vaudrait dire par essence et par nature ; car l'homme social n'est autre chose que le résultat de l'éducation qu'il a reçue et des circonstances particulières dans lesquelles il a passé sa vie. D'après ce principe évident, nous allons procéder à l'examen de l'homme que l'on appelle roi, abandonnant ensuite au lecteur le soin et le libre arbitre de décider si un pareil être doit commander et présider absolument aux destinées de ceux qui ne lui ressemblent qu'extérieurement et physiquement.

Nous savons pertinemment, et c'est une vérité rendue triviale par l'expérience, que l'atmosphère dans laquelle respirent les princes est empoisonnée ; que les cours sont des foyers de corruption, le séjour du crime, de l'hypocrisie, de l'ambition ; le rendez-vous général des courtisans, des hommes à intrigues, à fortunes, à distinctions, à priviléges et conséquemment de gens qui fondent leur prospérité et leur existence sur la ruine des mœurs et de la fortune publique ; nous savons également que le faste et la pompe dont on décore le voisinage, le lieu même de ces asiles funestes, produisent sur l'imagination du vulgaire un effet trompeur et magique, analogue à

ces heureux songes qui nous présentent au milieu
d'un sommeil légèrement agité, la fortune précé-
dée et suivie de ses séduisantes faveurs ; mais un
prompt réveil et un instant de retour à la raison,
en dissipant ces illusions passagères, nous ramè-
nent à notre état réel et permanent de souffrance ;
ces lieux où le vice siége avec tant d'éclat et de
déguisement, ne nous présentent plus que la
source élevée et perfide d'où découlent les maux
infinis qui accablent notre malheureuse existence.
Dans cet état affligeant, une seule et unique ressource nous reste pour opérer une diversion salutaire à nos pénibles réflexions : c'est sans doute
de nous éloigner de ces lieux contagieux, de
rentrer dans nos foyers, au sein de nos concitoyens, de nos familles, de nos travaux, et d'y
pratiquer la vertu; mais le prince qui devrait
donner le premier un si noble exemple reste,
séjourne et passe sa vie dans ce lieu pestilentiel
où il a pris naissance, au milieu des fourbes, au
sein des plaisirs, de l'abondance, d'une joie sé-
parée de la nôtre, au centre même d'une corruption d'autant plus dangereuse, qu'il ne rencontre
dans ces lieux infectés aucun tableau qui vienne
contraster avec l'élément corrupteur dont il est
lui-même, pour ainsi dire, le créateur et la créa-
ture, l'artisan et la victime, le principe et la fin.
Quelle idée de justice, quel amour de l'humanité
peut-on supposer à un être élevé dans le foyer

même des passions les plus ardentes; l'orgueil, la vanité, l'ambition, l'ivresse d'un pouvoir dû à sa naissance, dont il ne doit compte à personne, le rendent capricieux, cruel, intolérant, despote, et s'il est un terme aux sentimens divers qui l'agitent, ce n'est qu'après avoir atteint l'objet que sa fureur poursuit; les courtisans ne manquent jamais d'entretenir le feu de cette passion dévorante; tout conspire autour de lui pour le pervertir davantage; n'ayant jamais entendu que la louange servile des esclaves de la fortune, la voix fière et austère de l'homme libre lui paraît rebellion; le courage et la vertu d'un homme intègre sont un outrage à sa majesté; il ne connaît que des sujets et des esclaves prosternés à ses pieds; celui qui n'est pas assujetti à ses caprices est un révolté digne du dernier supplice; tout ce qui ne se rapporte pas à sa personne sacrée, tout ce qui n'est pas lui l'offusque et l'outrage; c'est un type parfait d'égoïsme et de cruauté; sa conduite intérieure et extérieure, sa vie privée et publique roulent perpétuellement dans une sphère d'activité qui le ramène sans cesse de sa personne à son individu. Louis XIV entre un fouet à la main au Parlement, et prononce ces paroles outrageantes pour cette auguste assemblée et pour la nation, mais dignes de son âme altière et féroce : « *L'Etat, c'est moi!* » Partant de ce principe parricide, son règne est une série d'actes atroces et tyranniques; Louis XV, faible et dissolu, donne l'exemple de la débauche, et meurt dans un état de délabrement et de corruption; Louis XVI fait des efforts inouïs sur lui-même pour corriger, pour vaincre les vices d'une éducation hypocrite : efforts impuissans! il ne peut réaliser cette heureuse conversion : son âme se resserre quand celle de ses sujets s'épanouit, l'idée de voir les Français heureux et libres cause le tourment de sa vie; l'échafaud lui paraît un supplice préférable à la perte de son pouvoir despotique; Napoléon lui-même, qu'on désigne sous le titre mal appliqué de *grand homme*, et qui ne fut qu'extraordinaire, s'empare d'une révolution déjà absorbée par des mains perfides et criminelles, à laquelle il doit tous ses triomphes et toute sa gloire; Napoléon, disons-nous, se laisse reléguer à l'île d'Elbe, traîner ensuite à Sainte-Hélène, pour y périr misérablement, ne pouvant consentir à rendre à ce peuple généreux et brave qui l'a élevé, ses droits et sa liberté; Louis XVIII arrive à la suite d'une nuée de Cosaques et de 800,000 baïonnettes étrangères : sans pitié, sans égard pour une nation malheureuse, il octroie une Charte dans laquelle sont renfermées soi-disant les libertés des Français; cette œuvre du démon ne contenait que le gouvernement pire de tous : le gouvernement des richesses et de la corruption; le niais, l'idiot, l'imbécile Charles X paraît

à son tour sur l'horizon politique : Plus de halle-
bardes ! s'écrie-t-il dès son avènement, et bientôt
après il prétend rétablir, en 1830, au XIX⁰ siècle,
à la suite d'une révolution morale qui compte
quarante ans d'existence, le régime gothique de
la féodalité et la vieille chevalerie dans toute son
antique splendeur. Ses confrères et ses pareils
ont expié leurs forfaits de diverses façons tra-
giques; pour lui, plus heureux qu'eux, grâce à
quelques compères qui l'ont perfidement préservé
de l'indignation légitime des vainqueurs de juillet; il devait figurer à la Grève et finir ses jours
sur le lieu même où gisaient les victimes de sa
cruauté.

Après la chute de ce dernier tyran et l'éton-
nante révolution de juillet, Paris fut libre un
instant : le règne des peuples est si court!... cette
fière cité devant qui tous les peuples accouraient
librement s'incliner, allait être proclamée la ville
sainte, la libératrice, la reine du monde, et s'at-
tacher tous les cœurs; ses illustres enfans, le
front ceint de lauriers, l'olivier en main, le cœur
palpitant de joie, partaient sonner l'heure de la
délivrance et recueillir les bénédictions des peuples relevés de leur servitude et affranchis du
joug de la tyrannie; l'étincelle partie de la Grève
a pu produire tous ces prodiges et toutes ces
merveilles : on a vu l'instant où le genre-humain
allait être libre, les nations amies et heureuses,

les peuples en paix et unis, les hommes égaux
et frères, les despotes réduits au néant, si des
mains perfides et sacriléges n'étaient venues ar-
rêter dans sa course l'étoile des nations! Qu'ils
sont petits et méprisables, lâches et vains, ces
hommes qui ont pu concevoir l'indigne pensée
d'accomplir par les calculs mesquins de la diplomatie, l'œuvre des héros morts au 28 juillet!
Mânes révérées, si vos noms nous sont inconnus,
vos actions n'échapperont pas du moins à notre
tendre reconnaissance! que votre pensée était
sublime; que votre courage était admirable; que
votre but était grand et généreux! vous avez suc-
combé! et votre mort serait stérile! et vos bien-
faits nous seraient ravis! les compagnons de votre
gloire, échappés au trépas, évoqueraient vaine-
ment vos ombres! votre noble exemple serait
oublié et perdu!...... Non! non! ces émules de
vos vertus ont aussi prêté le serment solennel que
vous avez tenu : *de vivre libres ou mourir!* ils
descendront comme vous dans la tombe plutôt
que de redevenir esclaves : ô justice! vertu des
grandes âmes; ô liberté! idole des cœurs généreux; ô douce et sainte égalité! nous ne survi-
vrons pas à votre perte, non plus qu'à celle des
héros morts en servant votre cause, votre triom-
phe et vos autels.

Nous venons de le dire, la glorieuse révolution de juillet devait embrasser et régénérer le

monde : elle devait restituer au genre-humain ses titres, ses droits et sa liberté; quelle fatalité a présidé à ses destinées! quel génie contraire et malfaisant en a dénaturé la source et détourné le cours! serait-elle descendue au cercueil avec ses défenseurs? ou bien le monstre affamé de l'aristocratie, cet ennemi redoutable des révolutions, qui les prend à leur naissance, les suit, les poursuit, les saisit comme une proie pour en repaître son insatiable appétit, l'aurait-il engloutie dans son sein, à peu près comme il y a quarante ans, après cinq ans de pénible existence, il dévora sa sœur aînée? Mais l'aristocratie de nos jours, mélangée de vieux et de jeunes loups, ignorerait-elle que l'on pourrait aujourd'hui expliquer très-claire-ment et très-fidèlement sa conduite présente par sa conduite passée, et que c'est elle-même, et non les hommes vertueux et populaires qu'elle ne cesse de calomnier, qui a commis les atrocités et les excès dont on se plaint si justement, mais dont on ignore les véritables artisans que nous osons signaler en ce moment à la vindicte pu-blique? ce sont ces hommes sans foi, sans mo-ralité, sans probité politique, qui ont perverti l'opinion sur une époque généralement méconnue, mais dont la grandeur et la sainteté n'échap-peront pas aux hommes consciencieux et justes et à la postérité dont elle est le plus bel apanage, et la preuve vivante des sacrifices généreux de ces

temps-là, pour assurer le bonheur des temps pré-
sens et futurs. Ce sont, il faut le répéter, les
intrigans, les ambitieux, les aristocrates d'alors
qui ont tramé les conspirations et les noirs complots sans cesse renaissans contre les peuples
aussi bien que contre la royauté. Caméléons de
leur nature, ils ne cessent de convoiter la fortune, les emplois, les honneurs, les priviléges;
ils s'appuient tantôt sur un maître, s'il est puis-
sant et redoutable, pour atteindre l'objet de leur
passion dominante; tantôt sur le peuple, quand
celui-ci secoue ses chaînes et devient le dominateur. L'aristocratie dont nous entreprenons de
faire connaître l'histoire, le caractère et l'essence,
avec la même intention et le même but que nous
nous sommes proposés en dévoilant la royauté,
mérite d'être attachée à son tour au pilori flétris-
sant de l'opinion sur lequel on n'a vu figurer
jusqu'ici que les malheureuses victimes de son
égoïsme et de sa cruauté. Les rois, les despotes,
les tyrans, abrutissent les peuples, et sont les destructeurs de leur existence politique; mais l'a-
ristocratie n'est pas moins funeste et dangereuse:
elle les dépouille, les avilit, les déprave, et ne
laisserait pas sur la terre l'exemple d'un seul
homme de bien. Nous parlons, non de l'aristocratie nobiliaire, inséparable du despotisme et
rarement infidèle à son principe, à son institution, et en cela moins odieuse que cette aristo-

2.

cratie bourgeoise, financière, babillarde, qui, privée de naissance, d'origine et d'aïeux, se renferme dans son esprit étroit d'égoïsme, de corruption, de vénalité, et sert alternativement d'auxiliaire perfide à tous les partis, aux rois, aux peuples, selon, comme nous le disions tout à l'heure, le principe profitable à ses intérêts, et préexistant. Singes et imitateurs de ces hauts et puissans seigneurs des temps de la féodalité, ces bourgeois orgueilleux nouvellement titrés sont la pitoyable doublure, la risée, l'objet du plus profond mépris de l'ancienne noblesse; étrangers aux véritables grandeurs, ils rapetissent et pervertissent tout ce qu'ils approchent, et marchent, quant à leurs prétentions seigneuriales, indentiquement et parallèlement avec les valets chamarrés et la canaille servile des cours. Le peuple les méconnaît; la noblesse les répudie et les repousse; quelle caste est-ce là? c'est exactement, d'après le rôle qu'elle joue depuis quarante ans, la caste tour à tour révolutionnaire et contre révolutionnaire, ou à proprement parler, les corsaires et les pirates de la société. Nous avons observé minutieusement la marche tortueuse et perfide qu'elle a suivie dans le courant de notre première révolution; elle fut d'abord menaçante, insolente même envers la royauté; ensuite elle devint modérée; puis elle outra les mesures violentes et révolutionnaires, et s'attacha enfin au

régime sanglant de la terreur, de façon à compromettre le but de la révolution, et à la faire
tomber dans ses mains avides, en précipitant le
vaisseau chargé des destinées de la république
au milieu des tempêtes et des écueils. À genoux
devant les despotes, conspirant lâchement et
sourdement contre les rois faibles; craintive,
hypocrite quand le peuple, armé de sa pique
citoyenne, exerce sa puissance, elle renoue habilement ses trames et ses complots aussitôt
après le danger. Son intérêt est le pivot sur
lequel elle tourne constamment, et le mobile
unique de ses actions; le succès, la règle du
juste et de l'injuste; la vanité remplace la
probité; la bonne foi et la vertu, un verni nécessaire dont elle éblouit les imbéciles, les dupes,
les bonnes gens qui confondent les formes avec
le fond, les mots avec les choses, les discours
avec les actions. Oublions un instant les maux
infinis que nous a fait jadis cette faction scélé-
rate, ne considérons que ceux qu'elle nous prépare de nouveau aujourd'hui, et rappelons-nous
seulement où nous l'avons laissée, suscitant
toutes les querelles, profitant de toutes les dissentions, trempant également ses mains dans le
sang des rois et dans le sang des peuples.

C'est le sort des peuples en révolution, de
passer immédiatement après la chute du despotisme par les usurpations et les intrigues de l'a-

ristocratie ; c'est le dédale obscur et profond d'où
l'on ne peut sortir heureusement qu'à l'aide du
fanal de la raison, appendu par une main amie et
généreuse au-dessus de nos têtes, pour éclairer
l'issue de ces lieux ténébreux. L'allégorie de
Thésée, égaré dans le labyrinthe et sauvé par le
secours d'Ariane, reçoit ici sa juste application :
le peuple, c'est Thésée ; le minotaure, le despotisme ; le fil d'Ariane, le fanal de la raison ; le
profond labyrinthe, les trames perfides de l'aristocratie.

Nous avons été tous témoins des transports
d'allégresse que fit éclater la conjuration aristocratique (restée immobile et à l'écart pendant le
péril) dans la journée du 29 juillet ; avec quel
courage frénétique elle se précipitait, alors qu'il
n'existait plus de danger, sur le cadavre et les
dépouilles de la royauté ! pourrait-on aussi oublier jamais les protestations multipliées, les sermens, les promesses, les éloges, les caresses
même, les serremens de mains accordés et pro-
digués aux vainqueurs de ces illustres journées,
en reconnaissance d'une victoire dont le résultat
devait produire soi-disant l'affranchissement du
pays, la consécration des droits civils et politiques des citoyens, et l'heureux retour à la
justice et à l'égalité ; mais qui n'eut d'autre effet,
abandonné aux soins, aux paroles mensongères
de cette aristocratie ambitieuse, que de substi-

tuer d'avides monopoleurs de places, d'honneurs, de priviléges, aux anciens titulaires? Ces tartufes politiques souriaient devant un si riche avenir, à la vue d'une proie qu'ils convoitaient depuis quinze ans; quelle curée! quel pillage immoral ils en ont fait! Et aujourd'hui qu'ils se trouvent à peu près gorgés et repus, ils nous abjurent, ils nous repoussent, et se passionnent d'un amour vrai ou faux, sincère ou simulé pour les despotes, pensant sans doute obtenir d'eux la tranquille possession, la paisible jouissance de leurs rapines et de leurs forfaits. Les voyez-vous, Français, dans ce but personnel, trafiquer de vos droits, de vos libertés, de votre sang! répudier lâchement la Belgique! abandonner sans pitié, sans remords, l'existence de l'héroïque Pologne, notre éternelle alliée, au barbare du Nord! O ma patrie! qu'ils sont cruels et déchirans pour tes enfans et tes défenseurs, les outrages et les maux que cette race impie te prépare de nouveau avec l'art subtil et impénétrable des secrets du cabinet et de la perfide diplomatie! Comme ils se jouent sans pudeur de la sainteté des sermens et du peuple lui-même! Comptez, s'il est possible, les pas rétrogrades qu'ils nous ont fait faire en peu de mois; voyez quelle distance énorme se trouve entre eux et nous! on croirait que ces hoberaux modernes, couverts encore des haillons de la servitude et entachés de la petitesse de leur obscure origine, ont conçu l'ingrate pensée de se détacher du peuple, et formé le projet insensé de s'identifier avec les vieilles dynasties et se fondre dans le même principe; mais cette fusion entre des élémens si disparates, ne peut avoir lieu; ce n'est plus que le délire d'un orgueil aveugle, d'un esprit troublé par de vaines illusions. Les rois ont leur principe de légitimité et de droit divin dont ils ne se départiront jamais, et qu'ils ne voudraient pas altérer par un mélange impur : ils lui doivent leur sécurité, leur force, le prestige, le respect des peuples assujettis par d'anciens préjugés, par habitude, par longanimité ou par impuissance, et attachés à cet abus comme à une loi qu'il faut subir, et qu'un usage immémorial sanctionne et légitime. Napoléon, après quinze ans de triomphes, de gloire, de conquêtes, n'a pu opérer ce prodige et dompter la fierté indomptable des rois de l'Europe : l'archiduchesse d'Autriche fut une nouvelle Iphigénie offerte en sacrifice, dans un moment de calamité, aux dieux irrités : le héros attribuait sans doute cette alliance auguste à l'éclat de son nom : on ne cédait qu'à la rigueur des circonstances et à la nécessité impérieuse des temps. Les rois n'ont jamais contracté d'alliance sincère entre eux et les hommes engendrés, illustrés même, par les révolutions. A l'exception de celui qui soumettait tout par la force, voyez si quelqu'autre personnage marquant, sorti du sein des révolutions, a pu assortir une union quelconque avec ces potentats superbes? et comment pourrait-on s'abuser au point de croire aujourd'hui que la noblesse, l'alliée fidèle du depotisme, s'allierait à cette écume aristocratique, issue du désordre anarchique des révolutions! Ils la repoussent avec dédain, et n'attendent, de concert avec leurs maîtres, que l'occasion propice de la replonger, elle et son principe, dans le mépris le plus profond. L'époque n'est certainement pas éloignée où nous allons avoir une troisième invasion à repousser, uniquement pour ce motif. Cet événement dessillera les yeux à bien du monde : on se convaincra alors que le principe de la souveraineté du peuple ne peut survivre et résister à cette attaque, qu'autant qu'il sera maintenu dans toute son intégrité, et qu'un principe qui n'admet pas toutes ses conséquences, et ses applications, n'est qu'un sujet de trouble, de faiblesse, de discorde dans l'intérieur du pays, et l'occasion d'une guerre, d'une conquête, du partage même du sol, de la part de ceux qui viennent le combattre à main armée. C'est par le secours d'une guerre stratégique que nos hommes d'état, dit-on, doivent s'opposer à l'irruption des rois ligués contre le peuple français! Nous n'avons plus qu'un mot à dire : la France doit préparer dès ce moment des logemens pour les Cosaques, les Pandours, les Prussiens, les Autrichiens, les Hongrois, etc., etc. ; si nous nous trompons, ce sera du moins la première fois, dans l'histoire, qu'on aura vu le phénomène extraordinaire d'une nation accablée par le nombre et désunie, vaincre, par la seule ressource de ses hommes de guerre, une aussi formidable coalition. Quant à nous, nous nous étions figuré, d'après les leçons de l'expérience, qu'une guerre d'indépendance nationale ne pouvait avoir de succès qu'autant que tous les citoyens étaient intéressés à sa cause, et prenaient une part également active aux affaires de l'intérieur et à celles de l'extérieur ; mais ici tous nos calculs sont renversés et nous nous trouvons en défaut. Quoi ! c'est la mode de nos jours de faire précéder, dans une guerre entre les rois et les peuples, la démocratie par l'aristocratie ? et les amis de nos ennemis seront chargés de nous conduire à la victoire ! Oh ! c'est pour le coup que nous marchons avec une *quasi-légitimité* et une *quasi-liberté* (1) vers une entière et complète servitude : tendez vos mains, Français, vous allez recevoir des fers. Quoi ! la liberté confiée à la garde de l'aristocratie ! n'en doutons

(1) Ces expressions, empruntées à l'argot libéral, signifient que le roi n'est pas roi, que le peuple n'est rien, et que ce parti est tout.

plus, le despotisme est sûr de ressaisir sa proie.

L'aristocratie révolutionnaire, ou à deux visages, pour atteindre l'objet de ses calculs et de son ambition, se trouve placée dans la position singulière et embarrassante de s'appuyer sur le peuple pour résister à la royauté; et d'autre part de se défier de ses propres succès, afin que le peuple ne la déborde pas; c'est une condition de son existence éphémère de sacrifier le parti qui lui prête ses bras, et de fortifier celui qui veut la tuer; car comme le peuple est plus fort à lui seul que le parti de l'aristocratie réuni à celui de la royauté, elle est obligée de se joindre à ce dernier pour se maintenir dans son état d'équilibre : sa position explique ses trahisons : tantôt elle sacrifie les rois aux peuples; le plus souvent ce sont les peuples aux rois; sa politique à cet égard est toute personnelle, machiavélique, et prouve à la fois sa perfidie et sa faiblesse. Nous disions donc qu'il allait éclater incessamment une guerre terrible entre les rois et les peuples; c'est-à-dire entre le principe absolu de la monarchie et le principe radical de la démocratie; l'aristocratie révolutionnaire y mettra obstacle, parce qu'elle craint de périr dans cet engagement; ne reposant sur aucun principe, elle redoute ce qu'elle appelle les extrêmes, et se renferme dans son rôle de modération, de neutralité, de non-intervention ; elle n'affecte un caractère belliqueux, fougueux, emporté, que lorsqu'un des partis contraires à son existence menace de la subjuguer ; elle pousse alors au désordre, aux dissentions, à l'anarchie ; il faut qu'elle vive aux dépens ou de la monarchie, ou de la démocratie : cette branche étrangère, implantée sur le sol de la monarchie, absorbe sa substance et en compromet l'avenir ; greffée sur l'arbre de la liberté, elle en pompe la sève, l'épuise, le dévore et ne porte aucun fruit.

La guerre étant imminente et prochaine, il faut se hâter d'en faire connaître le prétexte avant les hostilités, afin que les peuples, dans cette cause commune, se pénètrent bien des périls dont ils sont menacés.

Manifeste des rois ligués contre les peuples, et particulièrement contre le peuple français.

« Français ! nous vous déclarons la guerre parce qu'il y a quarante ans vous vous êtes insurgés, à tort ou à raison, contre votre roi, notre cousin, qui régnait sur vous et votre pays par droit de naissance et par droit divin ; à cette époque vous eûtes l'impudente audace de proclamer à la face du ciel et de la terre, le droit impie de vous gouverner vous-mêmes, en vous fondant sur le principe subversif et révolutionnaire de la souveraineté légitime des peuples ; nous vous déclarons la guerre parce que votre esprit de révolte nous a ébranlés et menacés de ruiner nos trônes jusqu'alors assurés et inébranlables. Nous avons eu à soutenir contre vous une lutte sanglante de vingt-cinq ans à laquelle nous avons miraculeusement échappés, et dont nous sommes sortis enfin victorieux après tant de vicissitudes, de dangers, de tribulations pour nous, pour nos bons esclaves et pour le principe qui fait notre puissance et notre sûreté; nous vous déclarons la guerre parce qu'après vous avoir replongé par la force des armes sous le joug odieux et absurde, il est vrai, de vos anciens maîtres et du droit divin, vous vous êtes révoltés derechef. Dans l'espace très-court de quinze années, vous avez expulsé (exemple funeste pour nos peuples abrutis) trois fois honteusement la race antique de vos rois que nous avions réédifiés; avec vous désormais, il n'y a plus de traité de paix, d'union, d'alliance possible : ce que nous construisons à grand-peine, vous le détruisez en un instant. Votre pays est un foyer de séditions, de révolutions, d'anarchie qui incendie l'Europe; c'est à votre propagande que nous devons les révolutions de Naples, d'Italie, de Piémont, de Portugal, d'Espagne, de Suisse, de Belgique, de Pologne; nous ne pouvons exister sûrement en présence de ces élémens destructeurs, et nous vous déclarons la guerre pour aller étouffer chez vous le ferment, le germe, le principe de nos justes alarmes; nous détruirons la cause du mal dans sa source, comme on a détruit Carthage dans Carthage et Rome dans Rome. »

Par la puissance et la rigueur des griefs énumérés dans ce manifeste, la France se trouve gravement compromise, et l'on aperçoit se former deux vastes camps ennemis; l'un, occupé naturellement par les rois; l'autre par les peuples, et notre pays, chargé du fardeau de cette grande querelle, devenu encore une fois l'objet du courroux légitime des rois et le théâtre sanglant de la lutte redoutable engagée entre eux et les peuples. C'est une guerre d'extermination, de vie ou de mort; car il faut qu'un des deux principes, un des deux partis succombe : les rois ne peuvent exister si les peuples triomphent, et *vice versa* les peuples sont condamnés à périr si les rois sont vainqueurs. Ce grand procès, pendant au tribunal suprême de la nature, doit décider de notre existence politique, et ne peut se terminer autrement que par les armes et en inondant notre sol du sang le plus pur, le plus généreux, celui du peuple; grâce aux machinations, aux menées, à l'imbroglio politique d'une aristocratie embarrassante, qui se jette malencontreusement, sans aucun mandat, en usurpatrice, entre le passé et l'avenir, entre ce qui fut et ce qui doit être, entre la tyrannie et la liberté, dans l'espoir criminel de tout envahir ou de tout livrer si on lui garantit le prix de sa trahison : en révolution c'est la seule industrie profitable, et on sait qu'elle ne s'en fait point faute, qu'elle vit de trafic; elle est altérée d'or, il faut que les nations périssent pour satisfaire l'objet de cette soif dévorante. Ainsi les peuples sont condamnés à porter éternellement des chaînes ; l'aristocratie à se parer de leurs dépouilles; le despotisme à dominer encore une fois le monde. Ces régulateurs de nos droits et de nos libertés vous démontrent, le livre du budget à la main, qu'une république est impossible, parce qu'elle amènerait une révolution contre les monopoleurs de places et les priviléges ; c'est-à-dire contre 25,000 familles en France, intéressées au maintien des abus et à la pâture des subsides qu'ils prélèvent sur nous. Il faut donc se ranger sous la bannière des amis de *l'ordre public*. Ne remuez pas, Français, il n'y a rien d'heureux comme celui qui dort. Ces messieurs obligeans veillent pour nous tous; par cet accord merveilleux, la plupart d'entre nous sont privés de leurs droits de citoyens, mais en revanche nous payons de gros et énormes impôts, et montons des factions, habillés proprement en garde national, aux portes des aristocrates, toujours pour le maintien de l'ordre public; il faut que cela soit ainsi, en temps de paix, en temps

de guerre, même quand l'ennemi sera dans nos
murs. Quant au peuple, il ne pense pas le moins
du monde à ses droits non plus qu'à sa misère,
il y est habitué; lui faire connaître l'aisance, ce
serait le pervertir! Il n'y a que les aristocrates
qui soient aptes à être de grands citoyens et par
conséquent à jouir exclusivement des droits politiques, et à vivre dans le luxe, le superflu et
l'opulence. Ce miroir est-il ressemblant? est-il
fidèle? Mais nous n'y sommes pas; poussons plus
loin. Français! on vous conteste les institutions
républicaines! et quelle autre forme de gouvernement vous convient mieux? Serait-ce la théo-
cratie, la monarchie? mais les prêtres et les
nobles ne paraissent au milieu de vous que
comme des ilotes! Serait-ce le gouvernement représentatif selon la Charte? mais il est entaché
de corruption, et en quinze années vous l'avez
renversé et démoli trois fois! Serait-ce enfin le
despotisme de Napoléon? il s'est écroulé avec
fracas au milieu de l'Europe, et vous-même l'avez
immolé à la vengeance légitime des peuples dont
il était la terreur et le désespoir! il serait encore
une fois, si vous pensiez à le rétablir, le sujet,
le prétexte de guerres interminables, dans lesquelles les nations s'engageraient les unes pour
les autres contre, par esprit de rivalité, de gloire,
de domination, et le succès, de quelque côté
qu'il advînt, ne profiterait qu'à quelques indi-

vidus avides de dépouilles, de titres, de richesses,
d'ambition; mais la liberté et le bonheur des
peuples seraient étrangers à ces grands démêlés;
il ne resterait, à la fin de cette lutte, que la haine
et la discorde suscitées par les conquérans. En
vous ralliant autour des institutions républicaines, vous ne servez pas seulement vos intérêts, mais vous embrassez, vous défendez ceux
du genre-humain; et les peuples attentifs et unis
à la cause sacrée de l'humanité, vous accompa-
gneront dans cette lutte glorieuse, de leurs vœux
les plus chers. Plus de despotisme, c'est la cause
d'un seul homme; plus d'aristocratie, ce n'est
point une cause, mais l'abus des priviléges, la
ruine et l'opprobre des nations. Français! vous
êtes les enfans gâtés, les enfans chéris de l'Europe; ne sacrifiez point vos glorieuses destinées
à la cupidité de quelques intrigans! Cependant,
si manquant de courage, d'esprit public, de
vertus, si, au lieu d'institutions pour vous gouverner, il vous fallait éternellement des maîtres,
jetez-vous dans les bras du despotisme, plutôt
que de rester dans ceux de la perfide, de l'im-
pudique aristocratie; le despotisme est, en quelque sorte, moins odieux, moins funeste, précisément parce qu'il vit à part, à l'écart, dans
l'isolement; il vous abandonne à vos vertus
domestiques, à votre état natif; quand il rugit,
il vous tue tout vivant, dans votre état de santé

et de force. L'aristocratie, au contraire, porte sa contagion partout; elle vous énerve, vous vicie, vous corrompt, vous plonge dans un état léthargique, de langueur pire que la mort; elle couvre la société d'une large plaie, d'une lèpre épidémique et générale. Dans les pays où le despotisme exerce sa domination et son empire, le peuple est pauvre, ignorant, abruti, esclave, mais il n'est que cela; dans les pays *civilisés* de l'aristocratie, il n'est pas esclave, mais enchaîné par les vices, les goûts, l'immoralité; il n'est ni ignorant ni abruti, mais il est absurde, plein de préjugés, d'erreurs, de systèmes, toutes choses qui développent son imagination, ses passions, qui tourmentent sans relâche son existence, troublent sa raison, son repos, et ne contribuent en rien à son bonheur; il n'est point pauvre, mais il a atteint le dernier degré de misère : il souffre de ce qu'il n'a pas et de ce qu'il désire. Le gouvernement despotique, fondé sur l'arbitraire et sur la force, n'est point un état supportable; celui de l'aristocratie, basé sur la corruption et sur l'intrigue, n'est qu'un état funeste, dangereux, précaire; il tend par sa nature à l'épuisement, à la perte de la société. Il n'y a véritablement d'état réel et social que celui qui est fondé sur la justice, la liberté, les droits de tous; c'est ce qu'on appelle le gouvernement républicain, c'est-à-dire le gouvernement qui représente, qui protége,

qui assure les intérêts de chaque citoyen en particulier et de tous les citoyens en général. Le
principe d'un gouvernement si parfait, si con-
forme à la dignité de l'homme, à ses besoins, est
le seul qui puisse fixer le bonheur sur la terre;
il n'a existé encore nulle part, que nous sachions,
dans toute sa pureté; partout, dans tous les temps,
il y a eu un mélange plus ou moins abondant et
destructeur d'aristocratie, qui à la longue l'enva-
hit, le dégrade, le pervertit, et finit enfin par le
livrer, après l'avoir absolument dénaturé et cor-
rompu, dans la serre cruelle, dans la main de fer
du despotisme.

Pour rendre le gouvernement républicain inal-
térable, permanent, absolu, on sent actuellement que le soin du législateur doit être de
garantir son institution de l'influence, des attaques, des intrigues de l'aristocratie. C'est sur
ce point important que nous avons particulièrement dirigé notre attention; nous croyons avoir
vaincu la difficulté et résolu ce grand problème
politique. Nous offrons à nos concitoyens le résultat de nos recherches et de nos réflexions,
dans le but, non suspect, de contribuer uniquement au bonheur de l'humanité, et pas du tout
dans la pensée de satisfaire des vues, des projets
personnels de gloire ou d'ambition.

Des institutions républicaines.

Il n'y a de place sur la terre que pour deux maîtres ; c'est-à-dire qu'il ne peut y avoir que deux sortes de dominations : celle d'un homme ou celle d'un peuple. La souveraineté échue à un seul être est un cas fortuit, dû au hasard, à la force, à la violence, à la conquête faite à main armée ou par surprise ; c'est une souveraineté de fait et non de droit, dont la durée, quelque prolongée qu'elle soit, ne peut être légitimée et garantie que par le principe accidentel qui l'a créée. La souveraineté du peuple tire son origine de lui-même, d'un droit naturel, imprescriptible, inaliénable : un accident quelconque, une insurrection étrangère peuvent la lui ravir ; sa volonté, sa propre insurrection peuvent la lui rendre.

Le despote, une fois assis et en possession de tous les droits, de tous les intérêts de la société, se perd ensuite par la puissance même du principe sur lequel est fondé son pouvoir ; il faut qu'il ait constamment le glaive à la main : son institution étant une volonté unique, une force qui doit aller toujours croissant, elle a sa limite, au-delà de laquelle se trouve l'impuissance, et là où il s'arrête il périt. «Je voudrais, disait naïvement un d'entr'eux, « que le peuple n'eût qu'une tête, pour l'abattre

« d'un seul coup (1). » Celui-là n'était ni moins ni plus féroce que les autres, seulement il avait mieux compris sa position. Le peuple, au contraire, ne perd son pouvoir et sa domination que par la faiblesse même de son institution : il faut qu'il soit sans cesse attentif à fortifier le principe de cette source d'ordre et de bonheur public; plus elle sera forte et élevée, plus elle garantira ses droits et sa liberté : le terme de l'existence politique d'un peuple se mesure d'après la pureté et l'énergie du principe de son institution.

L'aristocratie n'est fondée sur aucun droit : c'est une souveraineté qu'on ne saurait définir : elle dérive de la monarchie et en a tous les vices; elle a l'extérieur et les allures de la démocratie et n'en a aucune vertu : c'est quelque chose de vague, d'insaisissable, d'idéal dont la présence n'est jamais utile et toujours nuisible. Mêlée à la monarchie, elle en compromet l'existence en la poussant vers la démocratie; mêlée à la démocratie, elle la pervertit, la dénature, la dévore et finit par en abandonner le cadavre, après en avoir sucé le sang, à qui veut s'en repaître. Ceci nous avertit pour la seconde fois, dans la formation des institutions républicaines, de nous prémunir contre sa trop grande influence. C'est à cet élément destructeur qu'il faut attribuer la perte de tous les gouvernemens républi-

---

(1) Caligula.

cains. En France on se fait généralement un fan-
tôme de la république, parce qu'on la confond
avec la révolution : la république est le règne
paisible des lois constitutionnelles, et cet état
de bonheur et de paix n'a jamais existé chez nous.
Il y a eu seulement révolution; c'est-à-dire, pre-
mièrement un combat de la part de la démocratie contre le despotisme; secondement, un nouveau combat contre l'aristocratie; ici, la lutte
fut longue, terrible, sanglante; la démocratie
vaincue enfin, ou plutôt subjuguée, fut livrée
par l'aristocratie au despotisme, comme cela
arrive toujours, dans tous les temps, chez tous
les peuples, et comme cela se renouvellerait
encore une fois de nos jours, en passant par les
mêmes circonstances, les mêmes excès, l'épisode
serait absolument identique et semblable, si l'on
commettait la faute d'abandonner, comme on le
fit imprudemment alors, le sort et les intérêts de
la démocratie aux soins, aux menées, aux intrigues de l'aristocratie. Confondre la révolution
avec la république est une erreur grossière; c'est
prendre la maladie pour l'état de santé, et im-
puter au port, qui nous reçoit après de grands
malheurs, les tempêtes et les orages essuyés en
pleine mer. Pour qu'une république s'improvi-
sât, suivant les exigeances, les vœux de quelques
bonnes gens, sans troubles, sans désordres, il
faudrait qu'elle tombât toute constituée du ciel
au milieu de nous; ou, ce qui serait peut-être

plus miraculeux encore, qu'on pût faire une en-
jambée sur l'aristocratie et arriver d'un seul bond
à la démocratie; mais cette institution étant le
gouvernement de tous, amis et ennemis sont appelés à jouir des mêmes droits sans exception;
nul ne peut être distrait de l'exercice de ses fonctions de citoyen et de membre du souverain. Il
faut donc trouver le moyen de fondre ensemble
ces deux élémens contraires, en leur faisant subir,
pour ainsi dire, une opération à peu près analogue à ces combinaisons des principes des corps
que l'on précipite par la présence d'un alkali,
dont l'action, en dénaturant leur caractère, par-
vient à les neutraliser. Avant d'indiquer le principe de l'institution qui doit produire cet effet
merveilleux, achevons de faire connaître les deux
élémens sur lesquels nous devons opérer.

L'aristocratie, production bizarre, engendrée
d'une part par la monarchie, d'autre part par la
démocratie, est une espèce de monstre, de mulet
politique; en tant qu'elle tient de la démocratie,
elle fait de l'opposition contre la monarchie; en
tant qu'elle tient de la monarchie, elle fait de
l'opposition contre la démocratie: son caractère
propre sera de faire éternellement de l'opposition
et jamais de la révolution. Quand elle se trouve
tête à tête avec la démocratie (ce qu'elle appré-
hende le plus), ne pouvant éviter la révolution,
elle pousse alors au désordre, à l'anarchie. Ici,

on confond encore une fois l'état de révolution avec ce qu'on appelle l'anarchie. Faire de la révotion, c'est détruire les abus, les priviléges, les inégalités, les injustices d'un pouvoir déchu; faire de l'anarchie, c'est défendre toutes ces choses ou vouloir leur en substituer de semblables à l'aide de sophismes, de prétextes spécieux, de perfidies. L'aristocratie est féconde en ressources de ce genre : son manque de foi, son adresse, son hypocrisie cachent son ambition et lui donnent une apparence d'ordre et d'intérêt public qui n'est au fond qu'un rafinement de plus de son adroite politique, dont elle se sert habilement, pour calomnier la franchise, la droiture, les intentions pures de sa rivale qui, se sentant enfin abusée, trompée, opprimée, et voulant échapper aux embûches, aux piéges, aux invasions de son ennemie, s'emporte, se dépite et fait usage de sa force brutale pour se dégager des trames ourdies autour de son existence et contre sa vie. La présence d'un parti qui ambitionne un bonheur à part de celui du peuple, doit être réprimé, contenu par des lois fortes, sévères, inflexibles, cruelles même s'il était nécessaire; il n'y a rien qui porte le désordre de la société à son comble comme les prétentions de ces coteries toujours armées contre l'intérêt général : elles détrônent les rois; elles détrônent les peuples, et perdent, comme nous l'avons déjà dit, tous les gouvernemens. On ne saurait donc trop se pénétrer de l'importance des mesures sages et prévoyantes qu'il faut prendre avant de remettre les destinées des peuples entre les mains des hommes qui passent et se corrompent, ou sous la sauvegarde des institutions qui restent et se perfectionnent; et nous voici précisément arrivés au moment de développer les moyens propres à justifier l'annonce d'un travail dicté par notre invariable attachement à la sainte cause du peuple, de la justice et de l'humanité.

Le premier, le plus équitable, le plus grand législateur du monde, c'est le peuple; tous ses actes sont marqués au coin du génie, de la raison et du bon sens; et s'il pouvait rester constamment réuni, assemblé sur la place publique, on pourrait certainement congédier toute autre forme de gouvernement et d'administration; mais obligé de vaquer à ses affaires particulières, de se livrer au soin de sa propre existence, de celle de sa famille, cette obligation impérieuse le met dans la dure nécessité de recourir à des délégués pour créer des institutions, des lois qui tiennent lieu de sa présence et exercent, en son absence et à sa place, la puissance souveraine. Nous ne pouvons certainement pas affirmer que le pouvoir du peuple ait été le plus stable, les exemples nous manqueraient pour appuyer cette assertion;

mais du moins, ce pouvoir est le plus légitime, le moins douteux, et c'est déjà avoir reconnu une des conditions favorables à notre opinion sur son maintien et sa prééminence; chercher actuellement la condition de sa durée, sera sans doute, lorsque nous l'aurons trouvée, le complément nécessaire de sa légitimité et la preuve irréfragable de son état invincible et impermutable. Pufendor, Filmer et autres conseillers de l'usurpation et de la tyrannie, contestent néanmoins l'origine légitime de ce pouvoir; nous n'entrerons pas hors de propos dans des dissertations inutiles et oiseuses : le peuple, d'un commun accord, n'a qu'à se montrer et à lever sa tête menaçante pour confondre les insensés, les incrédules, aussi bien que les raisonnemens sophistiques de ces serviles publicistes. Tout se tait, tout obéit, tout se prosterne quand il saisit son autorité et qu'il fait acte de souveraineté. Celte unique injonction doit nous suffire et nous convaincre; et s'il devient ensuite le plus humble sujet, le plus vil esclave, le plus méprisable instrument de celui ou de ceux qui n'ont d'autre autorité que celle qu'il a bien voulu leur concéder, il ne faut attribuer ce phénomène surprenant, ce renversement de position, ce résultat funeste, qu'à la manière vicieuse dont il a délégué d'abord sa puissance et ses pouvoirs. Cette expression d'une horrible célébrité, échappée à la monstrueuse candeur de Louis XIV : « *L'Etat, c'est moi !* » est exactement le fond, le fait, la pensée de tous les gouvernemens établis avant et après le règne de cet inconcevable despote; quelque notoires améliorations qu'aient apportés successivement les progrès de la raison, depuis ces temps barbares, sur nos institutions, le peuple n'en a pas moins été et n'est pas moins encore aujourd'hui même exposé à subir les révoltantes conséquences de cette maxime d'un haut égoïsme, passée dans les mœurs, réduite en système, introduite jusque dans les institutions des peuples assujétis aussi bien à l'empire des lois qu'au caprice des hommes ; de telle sorte qu'on ne rend pas son sort meilleur en changeant de régime, et qu'il est devenu presque impossible de se soustraire à son effet, soit comme homme privé, soit comme homme revêtu d'un caractère public. Les mandataires du peuple déposent ce germe pernicieux dans l'institution ; celle-ci viciée dans son principe corrompt ses organes, ses agens, le mal se répand de cette source élevée, gagne de proche en proche, et finit enfin par envahir la société entière, tout le corps social. Notre Charte telle que son *immortel* auteur nous l'a octroyée, est la conception la plus sublime de l'esprit pour consacrer et perpétuer cette maxime anti-sociale ! De quelle espèce de représentation nous a-t-elle dotés ? elle a transformé le sanctuaire des lois en un magnifique *bazar* où nos mandataires, rivalisant d'ambition, viennent soutenir et controverser les opinions les plus incohérentes, dans l'espoir séduisant d'achalander leurs noms et de s'acheminer, par cette honnête industrie, sur la route agréable des emplois, des distinctions et des honneurs; la tribune aux harangues n'est plus la roche tarpéienne, mais le tréteau de toutes les folies, d'où ces ames brûlantes d'ambition se précipitent, au milieu d'un concert de quolibets, de satires, de huées de la multitude, de l'humble palais national, au superbe portique, au palais seigneurial et aristocratique du noble faubourg Saint-Germain. Cette chute est brillante sans doute, et naturelle ! l'institution vicie les hommes, et réciproquement les hommes vicient l'institution; c'est le maître et l'esclave qui se dégradent et se corrompent mutuellement. Les hommes appelés aujourd'hui aux affaires publiques, à la défense des droits, des intérêts du peuple, ne considérant plus cette honorable mission que comme un objet d'espérance, de calcul, comme une occasion offerte à leur élévation personnelle; avouent ingénument, d'un ton persuasif et de conviction, que les intérêts matériels et politiques des peuples sont pour ceux qui s'en chargent un *patrimoine* exclusif, une *profession,* une *carrière,* un moyen *de parvenir,* à peu près comme les prêtres qui, se fondant sur le même principe, prétendent être les uniques dispensateurs de la morale publique, et vivre somptueusement des impôts prélevés arbitrairement sur les consciences et sur un droit purement spirituel et divin! Cette chambre impopulaire et égoïste ne peut résister plus long-temps à la réprobation générale et aux attaques de tout un peuple en révolution; elle a voulu faire de la démocratie contre la monarchie, elle en subira les justes conséquences : son imprévoyance et son ambition l'ont perdue; vouloir maintenant faire de l'aristocratie et revenir à la monarchie, serait rentrer dans le cercle vicieux d'où nous sommes sortis : ce retour est moralement impossible. Il faut donc en appeler à la nation, et se retremper dans les eaux vives des assemblées primaires; nous sommes à la veille de ce grand événement; le peuple veut enfin se constituer à son gré; il en a le droit, il l'a conquis au milieu des périls et au prix de son sang.

Il existe plusieurs modes de conférer ses pouvoirs; quant à nous, nous n'en connaissons qu'un qui soit rationnel, impartial, exempt d'erreur, de surprise, qui ferme la porte aux intrigues, aux ambitions, aux rivalités, aux préférences et à tous les maux que causent les passions humaines mises en action et en jeu; ce mode est la voie du sort. Le sort, sagement combiné, produira l'heureux résultat de fondre ensemble l'élément aristocra-

tique et l'élément démocratique, de façon que
l'un des deux ne puisse jamais prédominer sur
l'autre, et entraver la marche de la révolution et
du gouvernement juste et libre auquel tendent
et les efforts et les besoins du peuple. Cette fusion
délivrera, en outre, la société de la coalition des
intérêts privés qui l'épuisent, et des conspirations permanentes des partis, des coteries, des
factions qui la désolent. Développons notre
pensée et notre théorie par des exemples. Procédons d'abord à l'élection des députés de la ville
de Paris, qui forme à elle seule un département;
et supposons qu'on ait fixé le nombre des députés à *douze*, c'est-à-dire *un* par arrondissement.
Le tableau statistique de tous les citoyens actifs
étant préalablement connu et arrêté; la réparti-
tion faite dans les arrondissemens par des listes
dressées et affichées dans les mairies, les électeurs convoqués procèdent par la voix du suffrage à la nomination de *dix* candidats à la députation sur *mille* électeurs dans chaque arrondissement; cette première opération terminée, on fait
le recensement de tous les candidats élus, ils sont
convoqués à jour fixe dans un local disposé à cet
effet, et là, en présence de commissaires ou d'autres autorités compétentes, on procède à l'élection des députés par la voie du sort, en se conformant aux formalités et usages pratiqués pour
le tirage au sort de nos jeunes soldats. Les *douze*
noms que le sort atteint sont proclamés députés.

Rendons cette opération sensible par des chiffres; l'exemple que nous allons poser est purement hypothétique, mais cependant susceptible de recevoir une application rigoureuse en consultant les tables statistiques des citoyens actifs, et les listes publiées dans les mairies. Nous supposerons donc que le nombre des citoyens actifs pour la ville de Paris s'élève à 48,000, ce qui porterait le nombre d'électeurs à 4000 par arrondissement; 10 candidats sur 1000 électeurs produiraient 40 candidats à la députation pour chaque arrondissement; ce chiffre de 40 candidats multiplié par le chiffre 12 d'arrondissemens, donne un total de 480 candidats à la députation, sur lesquels on applique l'opération du sort pour obtenir, par cette voie, les 12 députés. Maintenant, si l'on objectait que les électeurs ne se trouvent pas toujours, comme dans notre exemple, également distribués dans chaque arrondissement, nous n'irons pas chercher le plus ou le moins, notre règle invariable étant de prendre 10 candidats sur mille électeurs, ce point de départ répond suffisamment à l'objection. Dans les villes, la population se trouvant agglomérée sur un seul point, ces sortes d'opérations n'entraînent aucun inconvénient; il n'en est pas ainsi dans les campagnes où la population est éparse et disséminée; pour éviter les déplacemens coûteux, onéreux aux électeurs, on les convoquera, un jour férié, au chef-lieu de canton; là ils éliront, par la voie des suffrages, le nombre de candidats à la députation, d'après la règle de 10 candidats sur mille électeurs. Cette opération terminée, les candidats à la députation se rendront, au jour indiqué, dans leurs chef-lieux d'arrondissement respectif, où l'on procèdera au tirage au sort des députés. Le nombre des députés pour toute la France doit s'élever à 1200 au moins; cette réunion nombreuse formera une assemblée puissante, majestueuse, imposante comme le vaste empire qu'elle doit représenter. Plus l'assemblée des représentans sera considérable, plus elle sera animée d'un esprit véritablement indépendant, et moins aussi elle sera accessible aux séductions, aux malversations et à la corruption. La population des départemens étant variable et mobile, le nombre des députés suivra cette fluctuation; il peut arriver que des départemens n'aient que 8, 10 nominations, d'autres 12, 15; la représentation est fixée d'après le chiffre de la population : ce travail statistique est connu.

Les députés suppléans destinés à former la réserve seront tirés au sort concurremment avec les députés partans.

Les candidats à la députation peu fortunés, seront dédommagés des frais de déplacement si leur position l'exigeait.

Les députés seront salariés par l'État et révocables par le peuple.

Mission du Député.

La Constitution est son guide; la justice, sa pensée; l'intérêt du peuple, sa sollicitude : ces trois considérations sont la règle de ses devoirs.

Tous les ans la représentation sera renouvelée intégralement; on pourvoira à son remplacement par de nouvelles élections générales. Aucun des députés sortans ne peut être porté comme candidat à la députation prochaine, il faut qu'il se soit écoulé un an d'intervalle d'une session à l'autre avant de pouvoir se représenter. Cette mesure prévoyante réunit le double avantage d'anéantir l'amour du pouvoir et de ramener au sein de la société, des hommes déjà passés par les affaires, capables de diriger, d'éclairer l'opinion publique sur ses intérêts les plus chers. Cette suspension à la candidature ne peut les priver toutefois de l'exercice de leurs droits de citoyens actifs.

Le pouvoir législatif constitué, procédons à la formation du pouvoir exécutif. C'est du sein même de l'assemblée nationale que nous allons l'extraire, en suivant la méthode du suffrage combiné avec le sort; nous prendrons donc 10 candidats sur 100 députés, ce qui produira un

résultat de 120 candidats élus par la voie du suffrage, sur lesquels, par la voie du sort, on ob-
tiendra 5o membres qui constitueront le pouvoir
exécutif. Sur ces 5o membres on désignera par le
sort les ministres, les ambassadeurs ; le reste des
membres formera un conseil, un comité délibé-
rant sur le maintien, la sûreté de l'Etat et le
salut public.

Le corps judiciaire recevra ses pouvoirs direc-
tement du peuple ; 10 membres seront tirés au
sort sur 5o candidats élus par le peuple ; 20 sur
100, ainsi de suite. Ils seront amovibles et révocables à la volonté du peuple.

Les pouvoirs administratifs des départemens
doivent être choisis dans le sein même de
chaque département. Pour ne pas fatiguer le
peuple par de fréquens déplacemens, le jour où
les candidats à la députation seront assemblés à
leur chef-lieu d'arrondissement, on procédera à
la nomination de ces magistrats, en prenant 10
ou 20 compétiteurs à ces fonctions (suivant le
besoin) par chaque arrondissement ; s'il y a 4
arrondissemens par département, le nombre de
concurrens s'élèvera à 4o ou 8o. Les aspirans à
ces fonctions seront pris sur les candidats à la
députation, le jour même ou le lendemain du
tirage au sort des députés : élus d'abord par la
voie du suffrage et réunis ensuite au chef-lieu du
département, ils y subiront l'épreuve du sort.

Les juges de paix par canton, les maires des
ommunes, les conseils municipaux seront nom-
més par le même procédé : on désignera d'a-
bord par la voie du suffrage le nombre des candidats, et on tirera au sort ces sortes de magis-
tratures locales sur la liste des candidats, toujours
en se conformant à la règle de dix sur mille,
quand tous les citoyens d'un canton coopéreront
à l'élection ; et de dix sur cent quand il ne s'agira
que d'un seul lieu. Ces nominations seront an-
nuelles.

L'année suivante, quand la nouvelle représentation sera constituée et en fonction, on s'occu-
pera sans délai de la dissolution du pouvoir exécutif pour le réorganiser sur le même plan qui
avait servi d'abord à sa création.

Les ministres toucheront un traitement de
mille francs par mois ; les autres membres faisant partie du pouvoir exécutif, du comité de salut public, recevront les mêmes émolumens que
les députés, à moins de quelque mission à l'intérieur ou à l'extérieur, auquel cas il leur sera alloué
un supplément d'honoraires. Cette allocation sera
déterminée d'après les dépenses présumables de
leur mission. Les frais d'ambassades, la rétribu-
tion des ambassadeurs seront également l'objet
d'un examen spécial (1).

____

(1) La question de savoir s'il est utile d'entretenir à grands

L'excellence de notre méthode touchant l'exercice des droits du citoyen, n'est point douteuse; elle sera vivement sentie de tous les bons esprits. Ce moyen déjoue l'intrigue, les cabales, les coteries; personne désormais ne se donnerait plus la peine de mendier bassement des suffrages lorsqu'on serait soumis à l'incertitude du sort; les élections ne sauraient être viciées; on ne pourrait plus séduire le peuple, le faire errer, le tromper, l'égarer, lorsqu'il choisirait dans son propre quartier, dans son canton même, les candidats à la députation; il se trouverait placé dans les circonstances les plus favorables d'apprécier et de juger ceux à qui il doit accorder sa confiance; ayant des rapports journaliers avec eux, leur mérite et leur probité ne pourraient échapper à sa sagacité. D'autre part, les députés que le sort aurait favorisés, déroutés par cette opération chanceuse, renonceraient à tous les moyens honteux de capter les suffrages et de pervertir l'opinion; ils seraient l'expression réelle et véritable du pays. De retour de leur mission, rentrés dans leurs foyers, au sein de leurs concitoyens, exposés à la censure de ceux dont ils auraient transgressé les droits, leur trahison serait pour eux un

---

frais des ambassadeurs en pays étrangers sera discutée de nouveau; notre opinion particulière est contre cette espèce de pouvoir occulte que l'on désigne sous le nom de diplomatie. Des consuls feraient tout aussi bien notre affaire.

affront, un supplice éternel, s'ils avaient pu s'oublier jamais au point de compromettre le caractère indélébile et sacré d'un mandataire du peuple. Là où vous aurez fermé toute issue à l'intrigue, là aussi vous aurez porté un coup mortel à la corruption, à l'anarchie, aux déchiremens et aux factions ; et les hommes rappelés à la vie modeste de citoyen deviendraient meilleurs, précisément parce qu'ils n'auraient plus d'occasion, de prétexte spécieux ou excusable de se corrompre. L'impuissance de faire le mal est le plus sûr garant du bien. Mettez les hommes dans l'impossibilité d'utiliser des passions funestes et dangereuses, c'est certainement le moyen le plus efficace de prévenir, de corriger même leurs inclinations vicieuses : la définition la plus triviale, la plus simple de la vertu, est l'absence du vice ; et certes lorsque les hommes seront réduits à cette extrémité rigoureuse de ne plus recourir aux moyens bas et criminels, de se créer une réputation factice pour arriver à une fortune mal acquise, alors seulement vous les aurez contraints à la vertu ; ou du moins, s'il existait encore des malveillans, ne pouvant réaliser leurs projets de nuire, dès cet instant, c'est comme s'ils étaient vertueux et bons.

Tout citoyen qui supporte des charges dans la société, a, par cela même, des droits acquis ; tout citoyen qui a des droits, a des devoirs à rem-

plir; nul ne peut se dispenser d'acquitter ses
charges, de remplir ses devoirs, d'exercer ses
droits. Les charges publiques, quelque onéreu-
ses qu'elles paraissent, lorsqu'elles nous sont dé-
volues, ne sauraient être converties en un objet
illicite, de calcul, d'ambition personnelle, et se
dédommager ainsi, par ce revirement coupable,
de la tâche rigoureuse qui nous est imposée par
la société, serait un acte de trahison et d'infa-
mie. Tout citoyen qui, bravant la morale publique en s'écartant de la ligne tracée par ses devoirs publics, se rendrait répréhensible d'une
aussi criminelle conduite, dresserait lui-même
son acte d'accusation, et tracerait son arrêt de
mort. Les erreurs de l'esprit sont des fautes
excusables, sans doute; mais les erreurs de la
conscience sont des crimes qu'on ne saurait pu-
nir trop sévèrement.

Tout citoyen qui se soumet aux charges que
lui impose l'État sans réclamer la jouissance de
ses droits de citoyen, sert volontairement, ou for-
cément, ou aveuglément le pouvoir; il est dupe,
ou victime, ou complice de la tyrannie : s'il est
dupe, on doit l'éclairer; s'il est victime, on doit
le plaindre; s'il est complice, il est criminel.

Le gouvernement n'est autre chose qu'une
machine politique inventée pour administrer
les intérêts de la société, accélérer les affaires
publiques des citoyens, et régler leurs rapports
mutuels. Cette machine doit être essentielle-

ment obéissante et prête à recevoir l'impulsion
que l'opinion, dégagée de toute entrave et librement exprimée, veut lui donner; nul ne peut
s'arroger le privilége exclusif de la faire mouvoir
dans son sens particulier : elle est établie pour le
service commun. Le principe de l'institution, au
contraire, est le fondement, la base du pacte, du
contrat social ; son objet est la constitution ; son
but est l'existence même de la société. Le gouvernement n'est point un principe, son existence est
conditionnelle; son pouvoir est une conséquence,
un agent de l'institution que celle-ci doit toujours
dominer et maîtriser, diriger et soumettre; enfin
gouverner, ce n'est point commander, c'est administrer, c'est obéir à une volonté supérieure qui
est l'institution même sur laquelle repose l'existence de la société. Jusqu'ici les peuples ont été
gouvernés et jamais institués ; aussi ont-ils été li-
vrés au hasard, aux caprices des individus ou à
l'influence de lois vexatoires, arbitraires et in-
justes. Partout où le gouvernement sera substi-
tué à l'institution, on doit s'attendre à des maux
infinis et incalculables, à tous les maux susci-
tés par les passions des hommes, à toutes les
fureurs des partis. Sans institution, il n'y a pas
de bon gouvernement possible; placez-vous sous
un gouvernement représentatif, sous une monarchie absolue ou tempérée, sous un gouvernement
despotique ou constitutionnel, vous serez tou-

jours dans un état périlleux et difficile, dans un état de crise et de malheur. Nous avons dit que l'institution garantissait, protégeait, assurait l'existence de la société; le gouvernement, au contraire, tend à la diviser et à la dissoudre; enfin à la rigueur on pourrait se passer de gouvernement, et jamais d'institution; l'institution peut être plus ou moins parfaite; mais le gouvernement, quelque doux, quelque bienfaisant qu'il soit en apparence ou en réalité, sera toujours un objet de crainte et de suspicion. Il ne faut donc pas confondre deux choses si différentes. Qu'il y ait des consuls, un sénat, un roi, dès l'instant que l'institution ne garantira pas la société contre l'envahissement du pouvoir, vous pouvez vous attendre, si on jouit de quelque lueur de paix et de bonheur, que cet état de félicité est précaire, incertain et de peu de durée.

De la hiérarchie, du balancement et de l'équilibre des pouvoirs.

Nous publierons prochainement ce complément de nos institutions; le lecteur judicieux sentira combien ce travail est important et nécessaire pour donner de l'ensemble, de la liaison aux différens pouvoirs, et les coordonner entre eux; nous donnerons également un projet de constitution dans lequel chaque citoyen trouvera tracés la règle de ses devoirs, l'étendue de ses droits et les limites du pouvoir : la constitution est un guide sûr pour reconnaître si les actes du gouvernement sont en harmonie avec l'institution et favorables ou contraires aux intérêts des citoyens. Nous reviendrons de nouveau sur la discussion de la théorie que nous avons ci-dessus exposée, concernant la manière de déléguer ses pouvoirs. Quant à présent, nous nous bornerons à indiquer qu'en procédant par la voie directe *du suffrage* à la nomination des députés, ce mode, quelque naturel qu'il paraisse, nous ramènerait dans la voie funeste des révolutions avec tous les embarras, les dangers des partis, des coteries, des cabales, et livrerait infailliblement le pays à la merci des factions, aux déchiremens, à l'anarchie, pour revenir enfin, après avoir épuisé, ensanglanté la patrie, au point où l'on était d'abord, sous la domination d'un maître, sous le joug de la tyrannie.

FIN.

Impr. de CONSTANT-CHANPTIE, à S.-Denis, rue de Paris.